Y.4457.
B.

Ye   1380

Les blasons

DOMESTIQVES, CON-
TENANTZ LA DECORATION
d'une maison honneste, & du
mesnage estant en icelle:
Invention ioyeuse,
& moderne.

Auec priui-
lege.
1539.

On les vẽd en la grãd salle du Palais,
pres la Chappelle de messieurs, en la
boutique de Gilles Corrozet Libraire.

A Monsei-
GNEVR LE PREVOST
DE PARIS OV SON LIEV-
TENANT CIVIL.

SVPPLIENT HVMBLEment Denys Ianot & Gilles Corrozet Libraires de ceste ville de Paris, qu'il vo9 plaise leur donner permission d'imprimer vng petit traicté, intitulé les blasons domestiques. Et ordonner defenses estre faictes à tous aultres Libraires & imprimeurs de nõ imprimer ledict liure, iusques à troys ans finiz & accompliz, sur peine de confiscatiõ des liures par eulx imprimez, & d'amende arbitraire, & vous ferez bien.

Il est permis

AVX SVPPLIANS FAIRE
IMPRIMER ET VENDRE ledict
traicté, intitulé les Blasons Domestiques, & sont faictes deffenses à tous aultres d'imprimer ne vendre d'aultres
que ceulx que lesdictz supplias auront
Imprimé ou faict imprimer, iusques à
deux ans, sur peine de confiscation des
liures qu'ilz auroiet imprimez ou faict
imprimer, & d'amende arbitraire.
Faict le VI. iour de Mars, mil cinq cens
XXXVIII.

✝Ainsi signé.

I. I. Desmesmes.

A ii

Gilles Cor-
ROZET AVX
LECTEVRS.

Ovs avez icy, Le-
cteurs, pour recréer voz
gentilz esperitz, les blasons
du mesnage & aultres vti-
litez seruantes à la chose domestique
& familiere, lesquelz ie vous dedie par

obligation de vous dōner passetemps.
Et combien que l'inuention soit petite,
toutesfoys plaisante & recreatiue. Ie
scay bien qu'aulcuns diront que ie n'ay
si bien escript que la matiere requiert
& merite, & que ces blasons ne sont si
bien painctz de leurs couleurs qu'il est
iustement requis. A ceulx la ie prie
qu'ilz m'estiment comme le painctre
qui sur le tableau auec le pinceau meƈt
la premiere couleur, & compasse les
traictz & lineatures de son ouurage,
faisant le geƈt pour y asseoyr les aultres
riches couleurs. Ainsi sont ces blasons
en leurs premiers protraictz, attendātz
que quelque scauāte muse les enriche.
Les aultres diront que ie n'ay l'usage &
commodité d'aulcunes de ces choses
blasonnées, & dient vray, dont ie suis
le plus marry : mais ie les paieray par
vng ancien prouerbe, disant : La bōne

A iii

volunté est reputée pour le faict. Ostez doncques toute detraction, & recepuez ce traicté ioyeusement, affin que si vous n'estes biē emmesnagez par effect, vous le soyez par escript, non moins digne d'estre leu, que l'aultre digne d'estre possedé.

PLVS QVE MOINS.

DOMESTIQVES 4

Le blason de
LA MAISON.

Ature forte en ce qu'elle
scait faire
Pour subuenir à chose ne-
cessaire,

A iiij

A enseigné aux hommes par raison
D'edifier & bastir la maison,
Pour soy defendre à l'encontre des be-
ſtes.
Des ventz subitz, orrages & tempestes.
Or est ainsi que de pluralité
De ces maisons fut faicte vne cité,
Et des citez fut vng royaulme faict:
Beaucoup vault donc de la maison l'ef-
fect,
Veu que de soy petit de lieu contient,
Et touteſſois grand empire souſtient.
Doncques maison ie te dy la premiere
nuention de chose singuliere
Maison de paix, maison en qui abonde
Vne grád part des plaiſirs de ce móde.
Maison bastie & faicte fortement,
Sur vng tresbon & ferme fondement.
Maison construicte en vng ær de plai-
sance,

DOMESTIQVES

Ou mauluais ventz ne font iamais nuy-
 sance.
Maison ayant sa veue & son regard
Vers Orient, & quand le soleil part
De son leuer, il enlumine & lustre
Celle maison tant insigne & illustre.
Maison de pris, bien painéte à l'anti-
 quaillé,
Maison cõstruicte auec pierre de taille.
Pierre de Iyes, de marbre, & d'aultré
 sorte,
Ayant d'entrée vne assez large porte.
Maison ou sont Caues, Celiers, Esta-
 bles,
Maison ou sont les iardins delectables,
Chambres, Greniers, Estables, Galeries,
Lieux gracieux pour nobles seigneu-
 ries.
O maison belle, O lieu plaisant & seur,
Digne d'auoir honeste possesseur.

Pour décorer ta beaulté d'auantage:
Maison ayant estage sur estage,
Larges degrez, & la montée clere,
Logis bien faict, trop plus riche & pro-
 spere.
Que le logis de Psiches decoré,
Tant richement dedans l'asne doré.
Noble maison de tous grandz biens
 garnie.
Riche maison de tous meubles four-
 bie.
Louer on doibt celluy qui t'inuenta,
Car aux humains vng grand fruict ap-
 porta.

Le blason de
LA COVT DE
LA MAISON.

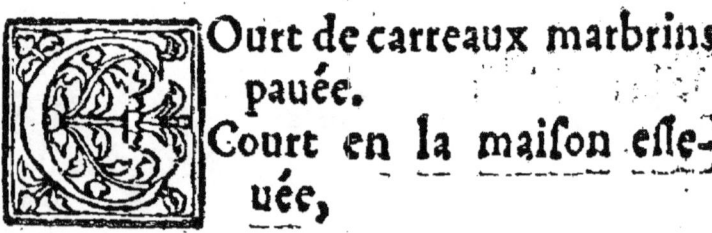

Ourt de carreaux marbrins
pauée.
Court en la maison esleuée,

Court qui recois du Ciel les eaux
Coullantes dans les creux tuyaux
Pour tenir la maison plus saine.
Court du iardin assez prochaine,
Autour de qui sont basses salles,
Court enrichie de medalles,
Et de figures magnificques,
Tant de modernes que d'anticques.
Court faicte pour se pourmener,
Et pour son aise demener,
O tressolacieuse Court,
Ou la clere fontaine court,
Qui laue par ses cleres vndes,
Les ruysseaulx salles & immundes.
Court dont le lieu bien spacieux
Donne au logis l'ær gracieux,
Certes tu es en ta plaisance,
De la maison toute l'aisance.

DOMESTIQVES.

Le blason du
IARDIN.

IArdin plaisant, doulx, delectable,
Iardin en tous fruictz profitable,
Iardin semé de toutes fleurs,
Painctes de diuerses couleurs,
Comme le lis, la Rose franche,
L'œillet, & L'aubefpine blanche,

La violette humble & petite,
Le doulx muguet, la Marguerite,
Le Romarin, la mariolaine,
Le baulme qui faict bonne allaine,
Et aultres odoriferentes
En leurs vertus bien differentes,
Iardin ou est & a esté
Le frais vmbrage en chauld esté,
Au moyen des arbres plaisantz,
Qui empeschent les rais luysantz,
De Phœbus, affin qu'il ne iecte,
Dessus la terre à luy subiecte
Son ardeur par trop excessiue.
Iardin plein de beaulté naysue,
Où sont maintz berseaulx vmbrageux
Soubz qui on ioue à diuers ieux,
Comme à la boulle & à la bille.
Iardin où la treille fertille
Se ioinct aux berseaulx dessusdictz,
O Iardin petit Paradis,

DOMESTIQVES. 8

Lieu ou VENVS & ſes Charites
Departent d'amour les merites,
Et ou CVPIDO va marchant,
Tenant en main ſon dard trenchant,
Lequel il brandit & enuoye,
Contre celluy qu'il treuue envoye,
Et le fiert de telle rigueur,
Que l'aultre en demeure en langueur
Iardin ou les arbres ramez
Sont illec plantez & ſemez,
Et portent fruictz de toute ſorte,
Comme l'année ſe comporte,
La ſont Amendiers & meuriers,
Pommiers, Ceriſiers, & Poiriers,
Peſchiers, Pruniers, caſcun ſi renge,
La croiſt le beau pommier D'orenge,
Le Pin, le Cedre, & le Cypres,
Et l'oliuier ſe tient aupres,
Et ſoubz ſes arbres & rainſeaulx
Courent les argentins ruyſſeaulx,

Remplis de differentz poissons.
Iardin paré de verds buissons,
Ou les oyseaulx par leurs doulx chantz
Font retentir l'ær des beaulx champz,
Comme nature le dispose.
O beau iardin que l'on arrose,
Pour en auoir fruictz, fleurs, & fueilles,
Ie te supplie que tu vueilles
A iour propice m'estre ouuert,
pour y donner la cotte verd,
A celle (par ma loyaulté)
Qui passe vng iardin en beaulté.

DOMESTIQVES.

Le blason de
LA CAVE.

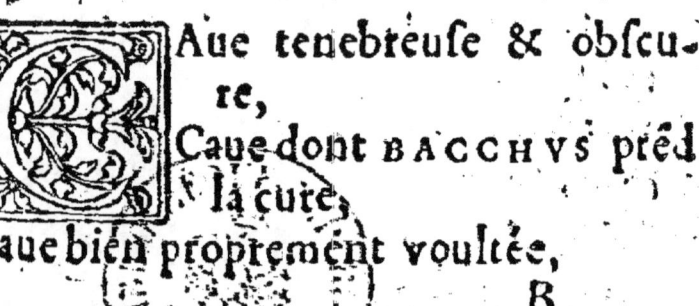
Aue tenebreuse & obscu-
re,
Caue dont BACCHVS prēd
la cure,
Caue bien proprement voultée,

B

LES BLASONS

Ayant assez large montée,
Caue faicte de dure pierre,
Dans les entrailles de la terre,
Caue pleine d'humidité
Chaulde en yuer, froide en esté.
Caue ou sont les vins sauoureux,
Tant bons, frians,& amoureux,
Comme bastard, & maluoysie,
De muscadet, de Romenie,
De Beaulne, D'Aniou, D'Orleans,
Et vin Françoys qui dort leans,
Vin D'Angoulmoys, de Sens, D'Auxerre,
Et aultres que tu tiens en serre,
Qui rendent la place embasmée
De leur odeur & grand fumée,
Voire si forte & violente,
Qu'elle estainct la chandelle ardente
Et sans bouger hors du tonneau,
Enyurent vng foible cerueau,

Leans les void on escumer
Et bouillir ainsi que la mer,
Et rompent les vaisseaulx souuent
Sy on ne leur donne du vent,
O que c'est belle garnison,
De t'auoir pleing en sa maison,
De ces bons vins, c'est la richesse,
Qui mect l'hommę en ioyę & lyesse,
Qui ainsi de toy peult iouyr,
A bon droict s'en doibt resiouyr.

LES BLASONS

Blason de la
CVYSINE.

ON a beau voir vne maison dorée,
On a beau voir vne chambre parée,
On a beau voir le grenier & la Caue,
On a beau voir le Cabinet tant braue,
On a beau dire, on a beau faire mine,

Si on ne void vne bonne cuysine,
Il n'y a riens en la maison qui plaise,
Car la cuysine esiouyt & faict aise
Le corps humain, & la munition
Engendre au cueur grand recreation.
O que souuent plusieurs les maisons hantent
Et des seigneurs les grands logis frequentent
Non pour auoir des gens la seule grace:
Mais pour l'amour de la Cuysine grasse,
Quand il y a de chairs & de poissons
Grand quantité & de toutes façons.
En la cuysine à point bien ordonnée
Est de besoing auoir la cheminée
Plene de feu, garnie de chenetz
D'acostepotz, & de grilz assez netz,
D'une grand pelle, & tenailles serrantes.

Pour atiser les buches tresardentes.
Droict au milieu se tient la cremiliere
Ou pend souuent chaulderon & chaul-
 diere.
En la cuysine est assez conuenable
D'auoir vng banc & vne vieille table,
Et vng buffet à mectre la vaisselle
Qui est d'estain, & de Cuyure, car cel-
 le
Qui est d'argent ou d'or, en Garderobe
La fault serrer de peur qu'on la desro-
 be.
En la Cuysine on voit pintes voller,
Quartes & brotz & vaisselle rouller,
Cóme grãdz platz, escuelles & assiettes
La vont trainant Nappes & seruiettes
Touailles, Torchons. La sont Poilles,
 Bassins,
Pour accoustrer Cochons, Chappons
 Poussins,

La sont cousteaulx pour detrencher &
 fendre
La ne se peult le gras mouton deffen-
 dre
Ne beuf ne Veau, qu'il ne soit mis en
 broche
Ou en bouillon, en ce lieu on embro-
 che
Lieures, Connilz, Oisons, Perdrix, Fai
 santz,
Pigeons, Bizetz (ce sont oyseaulx plai-
 santz)
La sont rostis Sarcelles & Plouuiers
Paons & Herons (o quelz beaulx espre-
 uiers)
Mieulx vault cela que racines d'her-
 mites.
Deuant le feu sont les potz & marmi-
 tes,
Ou sont bouillis tant de diuers potages

LES BLASONS

Selon les temps & differentz vsages.
La aussi sont les pouldres & espices
Boudins, Iambons, Andouilles & Saul-
 cisses
Les Saupicquetz pour les gens degou-
 stez,
Le four aussi & les frians pastez
Dõt tout subit les crustes sont cassées.
La vous verrez hocher les fricassées
En lart & beurre, en verius & vinaigre,
Qui treuue l'on aussi à vng iour mai-
 gre:
La peult on veoir l'anguille & la Lam-
 proye
Dequoy la bouche & le ventre sont
 proye
Le Saulmon frais, la Carpe camusette
Le gros Brochet, la Solle frigalette
Le Marsoin gras, L'alose sauoureuse
Puis L'esturgeõ & la Truite amoureuse

DOMESTIQVES.

Les vngs bouillis & les aultres rostis
Pour aguiser les humains appetis.
Sont en apres les terresteres fruictages
Tant cuitz que crudz, & les sallez fro-
  mages.
Que reste plus? o Cuisine friande
On trouue en toy de chascune viande,
Diane y mect selon temps & saison
De ses forestz la tendre venaison.
Ceres fournit de pain, & blanc & bis.
Le dieu Bacchus au nez plein de rubis
Verse le vin, quand il en a gousté,
Car sans cela tout le reste est gasté.
Pour fin de compte (vng chascun i'en
  veulx croire)
Si maintes geñtz auoient tel ordinaire
Sy plantureux, que nous auons icy
Ilz ne viuroient (comme ilz font) en
  soucy.

LES BLASONS

Le blason du
GRENIER.

IL conuient mettre en ce blason
Le hault Grenier de la maison
Ou on met toutes les reliques
Des extencilles domestiques.
Grenier ou l'ouurier eut esgard
De le bastir en beau regard,

Grenier bien spacieux & large
Auquel on serre mainte charge
De blé, de foing, d'auoing, & d'orge,
Lors que la terre de sa forge
Les produict en maturité.
O Grenier plein d'utilité
Hault & sec d'assez grande espace
Ou les grains gisent sur la place
Lesquelz on remue & esuente
Pour en vser & mettre en vente,
Grenier qui garde que les fruictz
Ne soient corrompus & destruictz
Garde les si bien en ton estre
Q'en faces proffit à ton maistre.

LES BLASONS

Le blason de

LA SALLE ET
CHAMBRE.

 Hambre tresclere & bien
quarrée,
Chambre au corps humain
preparée,
Chambre bastie d'ung masson

Par tresexcellente facon
Chambre dont les vitres sont telles
Qu'on n'en vidt iamais de plus belles,
Chambre ou pour faire vng doulx mar-
  cher
On a embrissé le plancher.
Chambre natée en toute place.
O Chambre de tant bonne grace,
Chambre tapissée si bien
Qu'on ne scauroit dire combien
Ou on void les ruses & tours
D'armes, de chasses & d'amours,
Les boys, les champs, & les fontaines,
Les montz & vaulx, & vertes plaines,
Chambre illustrée de tableaulx
Tant bien faictz, tant riches, tant
  beaulx.
Chambre de si grand beaulté
Que l'amoureuse deité
De Cupido, à chascune heure

Y vouldroit bien faire demeurer
Chambre belle tant que peult estre
Ressemblant Paradis terrestre
Pourueu que l'homme & femme aussi
Y soient sans guerre,& sans soucy.
Chambre ou le vent rude & diuers
N'entre iamais es froids hyuers
Chambre bien seurement fermée,
Chambre d'herbe verte semée,
Chambre garnie d'ung buffect
Et d'aultre mesnage parfaict
Comme de lict,de Banc,de Table
De Coffre & Chaire prouffitable
De Placet,de Selle,& Scabelle.
O Chambre tresgorriere & belle,
Chambre dorée, Chambre paincte.
Chambre de riches couleurs taincte
La couuerture & la deffense
Contre tout ce qui faict offense.

Chambre d'honneur, Chambre bra-
   garde,
Chambre d'amour, Chambre gaillar-
   de,
Si tost que la nuyct ie verray
En toy ie me retireray.

LES BLASONS

Le blason du
DV LICT.

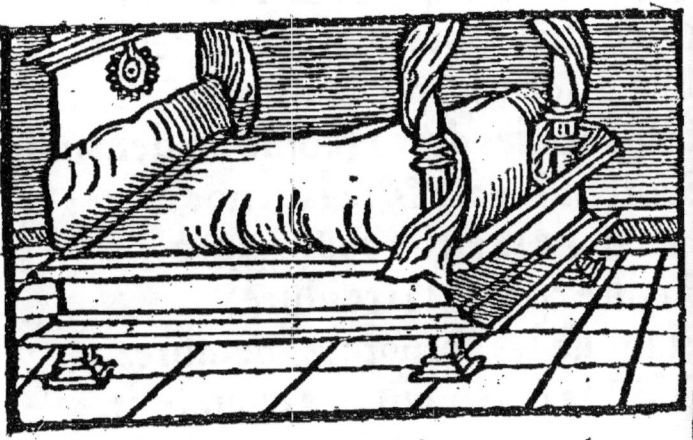

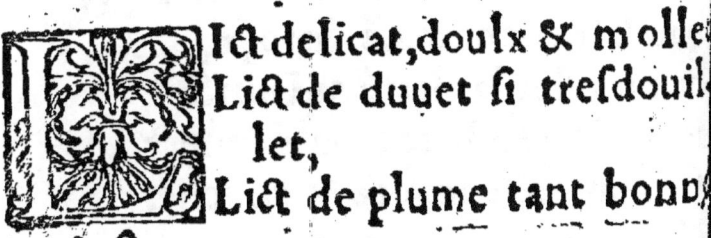
Ict delicat, doulx & molle
Lict de duuet si tresdouil-
  let,
Lict de plume tant bonn
& fine,

DOMESTIQVES 17

Lict d'ung couſtil blanc commɇ vng
 Cigne,
Lict dont ce blanc couſtil incite
Le dormir quand il eſt licite.
Lict dont le cheuet eſt ſi doulx
Qu'il ſemble que ce ſoit veloux
Quand on y prent vng bon repos.
Lict à dormir apte & diſpos.
Lict dont les draps (cõme on demande)
Sentent la roſɇ & la lauende.
Lict dont la riche couuerture
Reſiſte contre la froidure,
Et muſſe les corporelz membres.
O lict le parement des chambres,
Lict d'honneur plein de toute ioye,
Beau lict encourtiné de ſoye
Pour muſſer la clarté qui nuict.
Lict qui attendz la trouble nuict
Affin qu'on ſe repoſɇ & couche.
Lict ſouſtenu en vne couche

C

Ouurée de menuiserie,
D'images & marqueterie.
Lict tresgentil tant qu'il peult estre,
Lict beneist de la main du prebstre,
Lict separé de tout delict
O lict pudique, O chaste lict
Ou la femme & le mary cher
Sont ioinctz de Dieu en vne chair,
Lict d'amour sainct, lict honnorable,
Lict somnolent, lict venerable,
Gardez vostre pudicité
Et euitez lasciuité,
Affin que vostre honneur pulule
Sans recepuoir nulle macule.

Blason de la
CHAIRE.

CHaire pleine de bons ouurages,
Chaire enleuée à personnages,
Chaire de pris, chaire polye,
Chaire de façon bien iolye,
Chaire ou l'ouurier par bône entente
Tailla mainte table d'atente,

Fueillages, vignettes, frizures,
Et aultres plaisantes figures.
Chaire couuerte à chapiteaux,
Chaire garnie d'escripteaux,
Dignes de la langue & la bouche.
Chaire compaigne de la couche,
Chaire pres du lict approchée
Pour deuiser à l'acouchée.
Chaire faicte pour reposer,
Pour caqueter & pour causer.
Chaire de l'homme grand soulas,
Quand il est trauaillé & las.
Chaire bien fermee & bien chose,
Ou le muscq odorant repose
Auec le linge delyé,
Tant souef, fleurant, tant bien plyé.
Chaire belle, Chaire gentile,
Chaire de façon tresutile,
Tu es propre en toute saison,
Pour bien parer vne maison.

DOMESTICQVES. 19

Blason du
BANC.

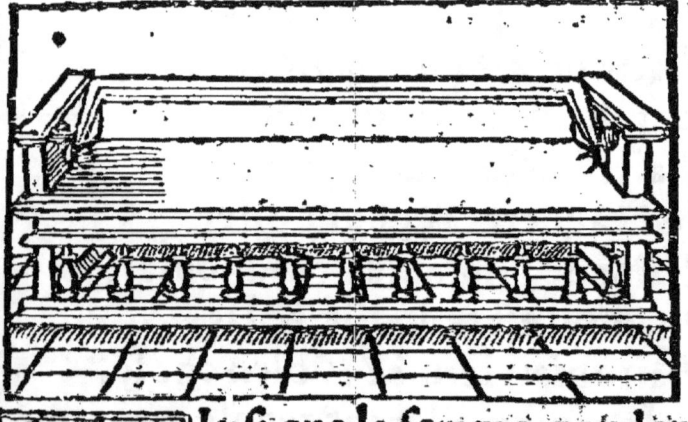

AInsi que la femme pruden-
te
Est au mary obediente
Tout ainsi la table se iecte
Vers le banc comme à luy subiecte,
Et luy faict ceste honnesteté,
Qu'il est premier en dignité
C iii

Et pour ceste grande raison
Merite auoir le sien blason:
Or donc plaisant banc de noyer,
Banc qui fais les genoux ployer,
Et asseoir le corps haultement.
Banc tourné si tresproprement,
Banc à dossier pour le repos,
Qui soustiens les rains & le dos:
Banc plus loysant que blanc albastre,
Banc assis vis à vis de l'astre,
Banc faict à petitz marmouzetz,
Banc du plus beau boys des forestz,
Qui donnes vng labeur nuysant
Pour te faire bien reluysant,
Et es froté en si grand peine
Que les gens en sont hors d'alaine.
O Banc qui repares la salle,
Qui n'es iamais croté ne salle,
Ie desire qu'en froid hyuer,
Pres du feu te puisse trouuer.

Blason de la TABLE.

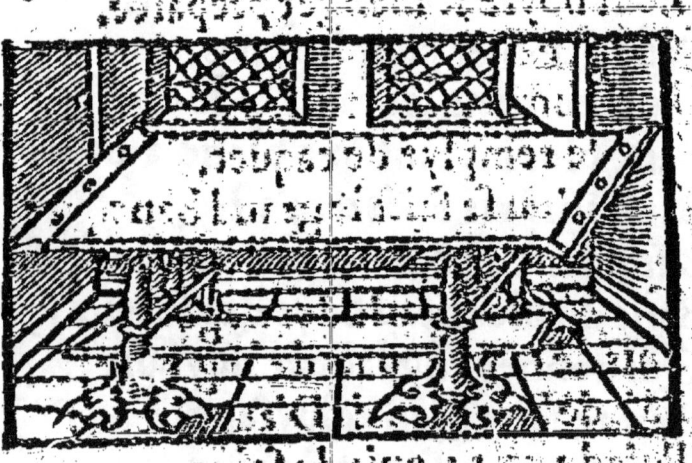

Table clere, table luysante,
Table à la chambre bien
  duysante,
Table tous les iours bien frotée,

Table sur deux treteaux portée,
Table qui causes le desir
De prendre sauoureux plaisir,
A chascune viande exquise.
Table de toutes gens requise.
Table d'une nappe parée
Pour boyre & menger preparée,
Garnye de metz precieux,
Et de bons vins delicieux.
Table remplye de caquet,
Table ou se faict le grand bancquet
A iour de feste ou iour de nopces,
Table ou on parle des negoces:
Puis de la paix, puis de la guerre,
Puis de France, puis D'angleterre:
Puis de vertu, puis de folye,
Table comme vng miroir polye:
Table ou chascun prend son repas,
Pour nourriture par compas.
O table honneste & tresnotable,

DOMESTIQVES

Table de boys, O belle table,
Ie prie à dieu qu'il te munisse
Tant bien t'appreste & te garnisse,
Qu'a tout iamais par ton moyen
Ayns son pain cotidien.

LES BLASONS

Le blason du
DRESSOVER.

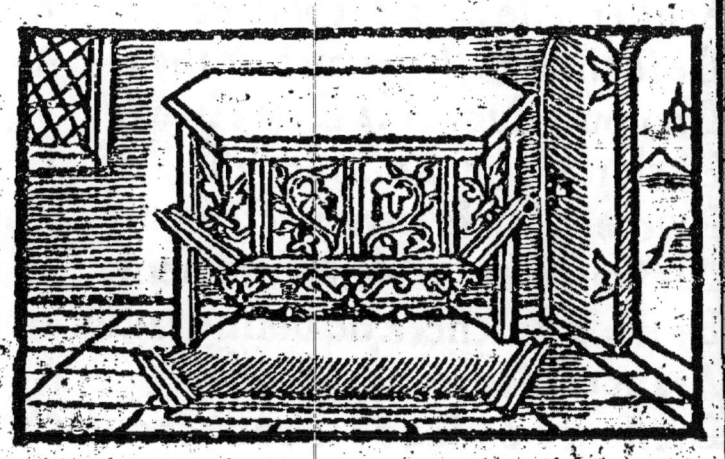

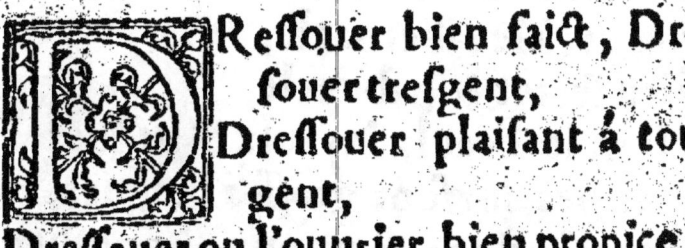Ressouer bien faict, Dressouer tresgent,
Dressouer plaisant à toute gent,
Dressouer ou l'ouurier bien propice

DOMESTIQVES. 22

N'a failly en son artifice,
Dressouer de Cipres odorant,
En la salle bien appareot.
Dressouer reluysant & vny,
De toutes beaultez bien garny
Soustenu de pilliers tournez,
De fueilles & fleurs bien aornez,
Dressouer duquel la forme basse,
En clarté le beau miroir passe,
Pource qu'on le tient nectement,
Dressouer fermé bien seurement,
De deux guichetz de bonne taille
Ayant chascun vne medalle,
Dressouer ou sont les bonnes choses
Seurement fermées & closes,
Certes tu es le tabernacle,
Le lieu secret & habitacle,
Ou sont les beaulx ioyaulx & bagues
Des dames qui font grosses bragues,
Comme Chaines, Boutons, Anneaulx

LES BLASONS

Patenoſtres à gros ſigneaulx
Eſtuiz & Coffretz curieux,
Rempliz de threſors precieux
Monnoiez & à monnoier,
Dieu m'en vueille autant enuoyer,
Affin qu'en tout ſoulas & ioye
Vng tel dreſſouer poſſede & i'aye.

DOMESTIQVES. 23

Le blason du
COFFRE.

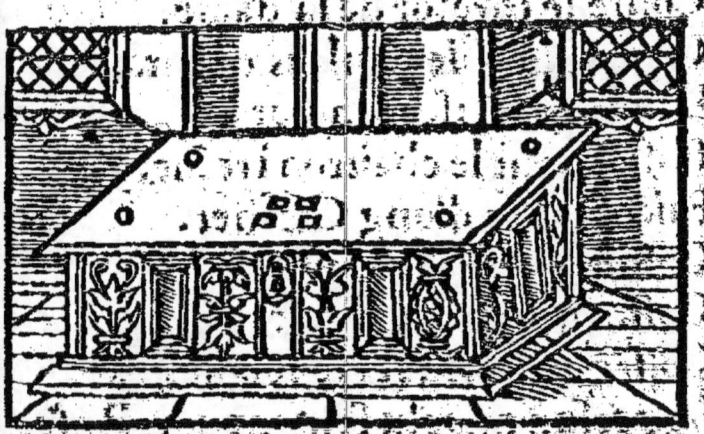

Offre tresbeau, Coffre mi-
gnon,
Coffre du Dreſſouer com-
paignon,
Coffre de boys qui point n'empire
Madré & iaune comme cire,

Coffre garny d'une serreure,
Tant bonne, tant subtile & seure,
Que celluy sera bien subtil
Qui l'ouurira de quelque oustil.
Coffre sentant plus soeuf que basme,
Coffre le thresor de la dame,
Coffre plein de doulces odeurs,
Et de gracieuses senteurs,
Coffre dont le chaitron tresnet,
Faict l'office d'ung Cabinet.
Coffre luysant & bien froté,
Coffre qui n'es iamais croté,
Coffre dans lequel se repose,
Le persun mieulx sentant que Rose,
Coffre ou sont mis les parementz,
Les atours & les vestementz,
Qui cachent la poitrine blanche
Le Tetin, la Cuisse & la hanche,
Et aornent le corps & la teste,
Tant iour ouurier que iour de feste,

DOMESTIQVES 24

Coffre ou n'a point de pourriture,
Coffre exempt de vers & d'ordure,
O trespoly & ioly coffre,
Qui recoys tout cela qu'on t'offre,
Ne seuffre que mecte la main
Dans toy le larron inhumain.

LES BLASONS
Le blason de
LA SCABELLE.

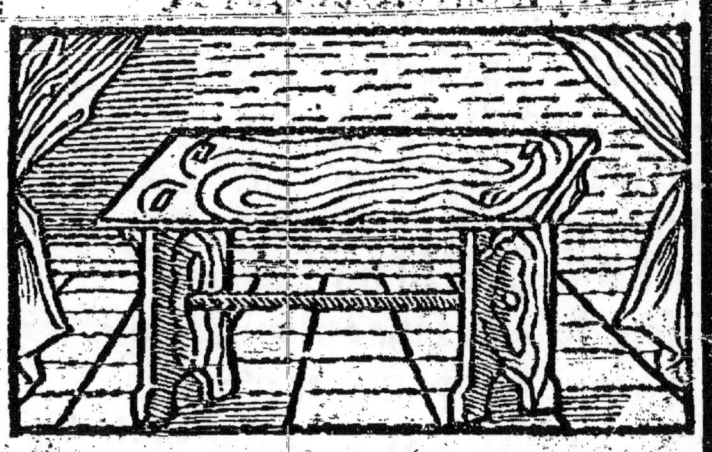

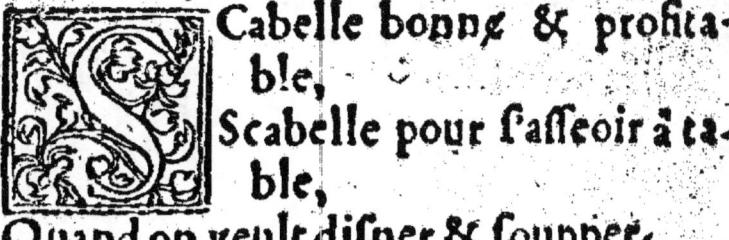

Scabelle bonne & profitable,
Scabelle pour s'asseoir à table,
Quand on veult disner & soupper.

Scabelle qui n'as point de per
En beaulté dont tu as saisine
De la chaire seur & cousine,
Faisant toutes deux vne office,
Scabelle mignonne & propice
Iaune comme l'or, & vnie
Tresclere, luysante & brunie,
Scabelle de bonne haulteur,
Ou le menusier & facteur
A monstré son gentil scauoir,
Scabelle tresplaisante à veoir
Faicte de boys sans aulcuns neux,
Il y a long temps que ie n'euz
Tant de bien à te veoir, sans faindre
Comme i'ay de peing à te paindre.

D

LES BLASONS

Blason du
PLACET.

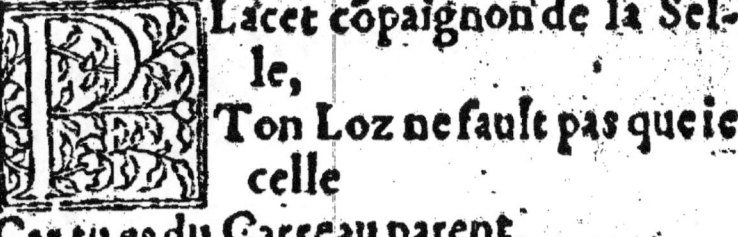Lacet cōpaignon de la Sel-
le,
Ton Loz ne fault pas que ie
celle
Car tu es du Carreau parent,

Placet en la chambre apparent.
Tout couuert de tapisserie
Ou fœminine seigneurie
Se siet en plaisir & lyesse.
Placet ou la cuisse & la fesse
Se reposent bien mollement.
Placet assis esguallement
Sur quatre pilliers bien gentilz
Non pas trop grands ne trop petis
Ou se tient le plaisant caquet
De Gaultier de Iehan & Iaquet
Ie te supplie que m'amye
Vng iour sur toy trouue endormie
Affin que la puisse baiser,
Pour mon mal d'amour appaiser.

LES BLASNS

Le blason de
LA VERGE A NE-CTOIER.

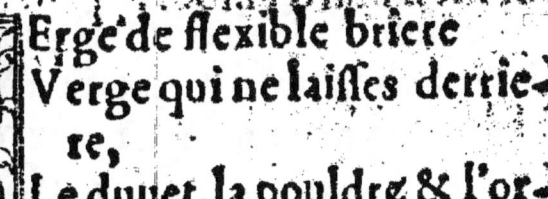

Erge de flexible briere
Verge qui ne laisses derriere,
Le duuet, la pouldre & l'ordure,

Tant que chascun de tes brins dure.
Verge au petit clou attachée,
Verge proptement emmanchée,
Verge clouée à six liens,
Tu es cause de plusieurs biens,
Car par toy la macule on oste
De robbe, de saye & de cotte
De chausses, bonnet, & pourpoint,
Par toy on met tout bien à point
Soit de veloux, de soye ou draps
Auecques la force du bras,
Par toy on tient bien nectement
Gorgiasement, proprement
Le chapperon & la coquille
Soit pour la mere ou pour la fille.
Tu es heureuse maintesfoys
Tu touches aussi bien aux roys
Et aux roynes portantz couronnes
Que tu fais aux aultres personnes.

LES BLASONS

Le blason de

L'ESTVY DE
CHAMBRE.

Estuy de fin veloux couuert
De cramoysi, de bleu ou vert
Estuy de marroquin paré
Estuy tant bien faict & doré
Estuy ou pignes sont dedans,
A grosses & menues dentz

DOMESTIQVES. 28

Lesquelz pignes, debuez vous croire,
Sont d'ebene ou de blanc yuoire
Ou de bouys, pour galonner
Les beaulx cheueulx, & testonner,
Aussi la longue barbe blonde.
Estuy le plus beau de ce monde
Ou sont les ciseaulx, le poinson
La bresse de gente façon,
Le cure dent, le cure aureille,
La sie petite à merueille
La lime, la gente pinsette
Le ratissoir, & la forcette
Auec plusieurs aultres choses
En toy enfermées & closes,
Estuy tant mignon & tant gent,
Estuy serré de fin argent,
Estuy garny de soye & d'or,
Et mieulx que ie ne dy encor,
Brief en toy n'a aulcun deffault,
Tu es fourny de ce qu'il fault.

D iiii

LES BLASONS

Le blason du
MIROIR.

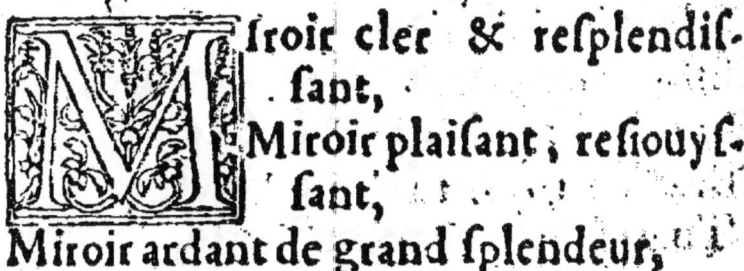Iroir cler & resplendiſ-
ſant,
Miroir plaiſant, reſiouyſ-
ſant,
Miroir ardant de grand ſplendeur,

DOMESTIQVES.

Miroir de tresbonne grandeur,
Miroir de cristal precieux
Qui tant es doulx & gracieux
Qu'a chascun tu monstres sa forme
S'ell' est belle, laid' ou difforme,
Et ne refuse en ta clarté
D'aulcun la laidur' ou beaulté,
Miroir d'acier bien esclarcy,
Miroir luysant qui es ainsi
Que l'eau clere qui represente
Chascune figur' apparente.
Miroir de verre bien bruny
D'une riche chasse garny
Ou la belle, plaisant', & clere
Se void, se mir', & considere
En regardant sa contenance
Et de son gent corps l'ordonnance,
Ses yeulx scintillans & sa face
Son fronc poly, sa bonne grace,
Sa doulce bouche vermeillette,

LES BLASONS

Son menton qui faict la fossette
Son dur tetin, ses bras gentilz,
Ses blanches mains, ses doigtz traitifz
Et tout le reste de son corps,
Dõt les membres sont bien concordz
O Miroir ie te prie cache
De mon corps la laidure ou tache,
Et de l'ornement de vertu
Me seray beau & bien vestu.

DOMESTIQVES 30

Le blason du
CABINET.

Abinet remply de richesses
Soit pour roynes ou pour
duchesses,
Cabinet sur tous biē choisi

Paré de veloux cramoisi
De drap d'or & de taffetas,
Ou sont les ioyaulx à grandz tas
Et les bagues tresgracieuses
Pleines de pierres precieuses,
Qui illustrent ce Cabinet,
Premier le diament bien nect,
L'escharboucle tresreluysante,
Le rubis, la perle plaisante
Le saphir, la Iacinte fine,
L'esmeraulde, la Cornaline,
L'amatiste, la Crisolite,
Le Balay & la margüerite.
Cabinet de tout accomply,
Cabinet de Tableaulx remply
Et de maintes belles ymages
De grandz & petis personnages,
Cabinet paré de medailles
Et curieuses antiquailles
De marbre, de Iaphe, & Porphire

DOMESTIQVES. 31

Tant qu'il doibt à chascun suffire,
Cabinet ou est le buffect
D'or & d'argent du tout parfaict,
Cabinet garny de ceinctures,
De doreures, & de bordures
De fers d'or, d'estocz, de tableaulx,
De chaisnes, de boutôs tres beaulx,
De mancherons, de braceletz,
De gorgerins & de colletz,
De perles D'orient semez:
De gantz lauez & parfumez,
De muscq plus cher qu'or de ducat
D'ambre fin & sauon muscat,
De pouldre de Cipre & pommade
Pour restaurer la couleur fade:
Eaux de Damas, d'oeilletz, de Roses
En fiolles de verre encloses,
Oultres cent compositions
De differentes mistions
Et parmy tant diuers ioyaulx,

LES BLASONS

Sont les riches & gros signeaulx,
Les patenostres cristallines.
Celles de strin & Coralines,
De perles & de fin Rubis,
Qui sont mises sur les habitz,
Puis les houppes, d'or & de soye,
Pour mieulx se monstrer par la voye,
Puis les mignons & bons cousteaulx,
Les forcettes, & les Ciseaulx,
Le Miroir, la gente escriptoire,
Le chappeau l'eschiquier D'yuoire,
Les heures pour seruir à Dieu,
Brief en ce beau & petit lieu,
Sont tant d'aultres choses ensemble
Qu'impossible le dire il semble.

DOMESTIQVES 32

Le blason de
L'ESTABLE.

Estable basse qui tant vaulx
Estable à loger les cheuaulx
Les mules & les muletz,
Qui sont pensez par les valetz,
Estable penchant par derriere,

Pour mieulx nectoier la litiere,
De bois planchée par le bas,
Estable ou sont Selles & bastz,
Rastellier mengeoire & estrille,
Dequoy les cheuaulx on estrille,
Estable ou sont la fourche & pelle
Dequoy le fiens on expelle,
Hors de ce lieu, mais quand i'y songe,
I'oublie le pigne & l'esponge,
Les brides & les dorez frains
Par qui les cheuaulx sont contrainctz
Voire cheuaulx de toute taille
Et fusse pour faire bataille,
Pour labourer ou pour porter
Et pour l'homme aux champs suppor-
ter,

DOMESTIQVES. 33

Le blason de
L'ESTVDE.

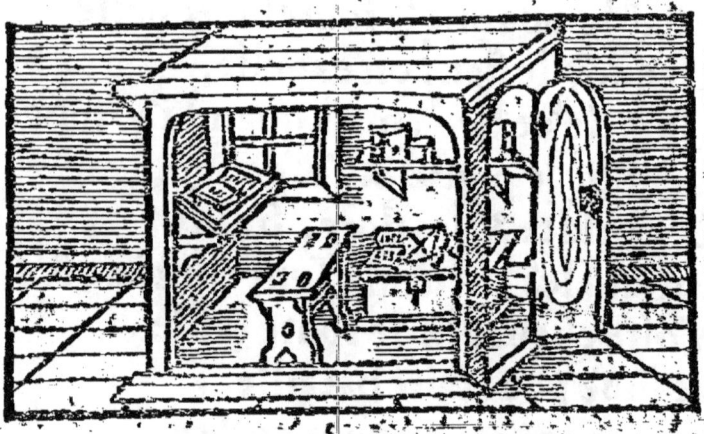

    E corps humain qui est d'e-
L   sprit deliure,
    Ne va, ne vient, ne faict &
    ne peult viure
Et n'a vertu, force, ne sentement.
                B

Vne maison qui est semblablement
Sans posseder l'estude fructueuse,
Est d'ung grand bien (pour vray) deste-
 ctueuse.
Et n'a en soy aulcune vtilité,
Pour c'est esprit, car à la verité
La seulle estude est de l'esprit viande,
S'il trouue aumoins la lecture friande,
Et n'est au corps viande si plaisante,
Comme à l'esprit l'estude bien duysan-
 te:
Mais quel plaisir plus grand peult on
 auoir,
Que d'enseigner, d'apprendre & de
 sçauoir?
Que plus grand bien peult vng mor-
 tel eslire,
Que composer, chanter, escripre &
 lire?

Il n'en est point apres l'amour de dieu,
Celebrons doncq en tout temps & tout
 lieu,
La bonne estude, ou la philosophie
Son throne tient, & la se glorifie,
Auec l'esprit. Les princes anciens,
Les Grecz, Hebrieux, & les Egyptiens
Ont celebré & estimé les lettres,
Qui ont esté tāt en prose qu'en metres.
N'est ce vng plaisir de lire en vne hy-
 stoire?
N'est ce vng soulas de veoir l'art d'o-
 ratoire?
N'est ce doulceur de veoir la poisie,
Pour l'imprimer dedans sa fantasie?
N'est ce vng grand bien à toute crea-
 ture,
D'estudier en la saincte escripture?
N'est ce proffit bien grand en tout en-
 droict,

E ii

D'estudier & lire en chascun droict?
en d'y autant de toute discipline.
N'est ce vng ioye & plaisance diuine
De composer & en prose & en vers,
Rondeaulx, dizains, & maintz traicte
 diuers,
En Rithme plate & en Rithme croi
 sée?
O saincte estude, O Estude prisée,
Repos sacré des Muses Pernasines
Seiour tant doulx des Nymphes Caba
 lines.
Chambre de paix, de siléce & concorde
Où le doulx Lucz & taisant manicord
Rendent leurs sons tant souefz & pa
 cifiques
Estude belle entre les magniffiques.
Où est comprinse vne Bibliothecque
Autant latine Hebraïcque, que Grec
 que?

Estudé ou sont d'ung costé les docteurs
En lettre saincte, en l'aultre les aus
theurs.
Hystoriés, traictatz du faict des armes:
En l'aultre part sont les metres & car-
mes,
Des bons facteurs, en l'ung & l'aultre
langue:
Les orateurs bien formantz la harague,
Ont aultres reng, & les loix & decretz,
Monstrét aussi en ce lieu leurs secretz.
La sont Grammaire, & subtile Logic-
que,
Puis Rethorique auec Arithmeticque,
Doulce Musicque, auec Geometrie,
Et la secreté & haulté Astrologie,
Qui les espritz des scauantz resiouys-
sent:
Quand de leurs fruictz sauourent &
iouyssent.

B iii

Et briefuement Estude saincte & belle,
Estude bonne, Arche spirituelle,
Puis que tu as si grande dignité,
Tant d'excellence & tant d'authorité,
Et qu'en toy gist si tressouuerain bien,
Que la maison(sans toy) ne seroit rien.
Tu as donc mys en honneur ce pour-
  pris,
Parquoy sur tout tu doibs auoir le pris.

DOMESTIQVES. 36

Le blason de

LA CHAMBRE
SECRETE OV
Retraict.

Etraict de grand commodi-
té,
Soit aux champs ou en la
Cité,

E iiij

Retraict auquel personne n'entre,
Si ce n'est pour purger son ventre,
Retraict de grande dignité,
Ou le Cul sied en maiesté,
Retraict qu'on n'ause d'escouulir,
Ny le dessus du siege ouurir
De peur (affin que ie ne mente)
Que le fort perfun ne s'esuente.
Retraict ou l'on se mect à laise,
Il vault bien mieulx que ie me taise,
Qu'empuentir de tes senteurs
Les Lecteurs & les auditeurs.

L'honeur de
LA MAISON.

Quand vng hostel est faict par artifice,
Pompeusement, & d'exquise façon,
Apres qu'on à bien loué l'ediffice,

L'honneur dernier en demeure au maiſon:
Et quand on void la dame vertueuſe
Les ſeruiteurs, & le filz & la fille,
Telle maiſon eſt riche & ſumptueu-
ſe,
L'honneur en eſt au pere de famille.

PLVS QVE MOINS.

✶Fin des Blaſons dome-
ſtiques.

DOMESTIQUES 38

Contre les
BLASONNEVRS
DES MEMBRES.

L'Honnesteté qui doibt estre en la bouche,
Les motz dorez que par escript on couche,
Donnent louenge & honneur non en vain,

Au bon diseur & au iusté escripuain.
Tout au contraire vne parolle dicte
Laide & vilaine, ou en papier escripte,
Rend son autheur de macule taché.
Parquoy aulcuns ont ilz doncques tas-
ché,
Se rendre obscurs perdans leur renom-
mée,
Tant qu'é tous lieux leur personne est
blasmée?
La volupté & sensualité
Leur ont ainsi leurs cueurs debilité,
Tant & si fort que le mal par dehors,
Mostre l'effect de ce qu'est dãs le corps,
Selon la chose en quoy le cueur ha-
bonde,
La bouche parle, ou soit nete ou im-
munde.
O qu'on dict bien prouerbes eui-
dentz,

Du sac ne sort que ce qui est dedans,
On le cõgnoist ie ne scay quelz Rith-
meurs,
Tous corrũpuz de parolle & de meurs,
Ne sont escriptz que de choses trop
vaines,
En corrũpant toutes vertus humaines?
L'ũg sentremect de d'escripre vng Te-
tin,
Et l'aultre vng vêtre aussi blãc que satin
L'ung painct les yenlx l'aultre les che-
ueulx blondz,
L'aultre le nez, laultre les genoulx rõdz
Mais plus cela tend à concupiscence
Qu'a demõstrer de beaulté l'excelléce,
Las ny à il que ceulx la que i'ay dict?
Certes si à, & si aulcun mesdict
De leurs escriptz, c'est sans faire nuy-
sance
A leur parler & parfaicte elegance.

Mais du subiect c'est le plus ord & salle
Dont fut parlé iamais en chambre ou
  Salle.
Les noms font beaulx qu'appropria
  Nature,
Aux membres bas de toute creature,
Mais blasonner ces mêbres veneriques,
Les exaltant ainsi que deiffiques,
C'est vne erreur & vne ydolatrie,
Dequoy la terre à dieu vengeâce crie.
O quelz menteurs, O quelz beaulx bla
  sonneurs,
Qui font marché si grand de leurs hō-
  neurs,
Ma plume auroit grande honte d'es-
  cripre,
Telz vilains motz, & ma bouche à le
  dire,
D'eulx mesmes sont en faictz & dictz
  honteux,

Et Cicero dict sans estre doubteux
Que tout ainsi que Nature les cache,
De les nommer aussi elle se fache,
Pensez vous poinct qui faictes ces Bla-
 sons,
Combien de gentz par voz sotes rai-
 sons
Vous abusez? Certes la chose est seure,
Que ces sotz motz leur ęgēdre luxure:
Les gens de bien en sont scandalisez:
Et vous Seigneurs qui ces Blasons li-
 sez,
Prenez la lettre & en laissez l'esprit,
Et plus ne soit tel cas mis par escript,
Car c'est l'esprit Cupido & Venus.
Et vous aussy qui pour scauantz te-
 nus,
Estes des sotz, Estes vous dictz Poe-
 tes?
Certes nenny, mais vous estes chouetes

LES BLASONS

Non ressemblás aux tresbeaulx & blã[cz]
 Cignes,
Vous n'en' auez les marques ne les si[-]
 gnes:
Les Cignes blãcz sont les oiseaulx sa[ns]
 vice,
Qu'au dieu Phœbus on donnz en sa[-]
 crifice,
Et qui sõt mis pour armes pardurable[s]
Aux escussons des poetes affables
Pour denoter que chasteté biē franch[e]
Sainctz vertu painctz de couleur blan[-]
 che
Se doibt loger en cueur & en pensée,
Des escripuains, & non estrz offensé[e]
Ceulx la ne sont Cignes, mais noi[rs]
 Corbeaulx
Qui sont escriptz indignes d'estr[e]
 beaulx,
De telz oyseaulx la plume trop s'abaiss[e]

Et au voller les haultes choses laisse,
En s'amusant aux basses corruptibles.
Delaissez donc telz escriptz trop hor-
 ribles,
Et ensuyuez icelluy qui blasonne,
L'effect de mort qui repos à tous dône,
Car qui de mort la souuenance aura,
Aultres blasons iamais il ne fera.
PLVS QVE MOINS.

Epigrammes

EPIGRAMMES
De l'image
D'AMOVR.

Amour est painct ainsi qu'vng ieu-
ne enfant,
Qui est tout nud & n'a vesture aulcu-
ne,
Blanc & poly, ioyeux & triumphant,
Les yeulx bandez côme dame Fortune

Et cõme Mort qui est à tous commune
Porte vng grand dard, dont vient les cueurs saisir,
Comme renom il volle à son plaisir.
Es champs floriz & en cité fermée,
En son ymage on peult doncques choisir,
L'enfant, la Mort, Fortune, & renommée.

F is

EPIGRAMMES

Diffinition

D'AMOVR PAR EPI-
CTETVS PHILOSOPHE
auquel L'épereur Adriã
feist telle que-
stion.

L'empereur Adrian
Qu'eſt ce qu'amour?
Epictetus reſpond.

EPIGRAMMES

C'est du cueur ocieux,
Vne molesté & tourment gracieux,
Honté en l'enfant, en la vierge vne crainéte,
Qui rend sa face vng peu de rougeur tainéte,
Fureur en fémé, & en l'hôme vng desir,
Au vieillard foible vng ris pleinde plaisir,
Et en celluy qui s'en gaudit & mocque
Vng mal poignant, qui contre luy retorque.

✱ DE DEVX AMOVRS.

Amour de dieu est vne vertu saincte,
Amour de chair est vne maladie
De fol plaisir, si on n'y remedie,
par chasteté, dont est souuét estainéte,

F iij

EPIGRAMMES
A CE PROPOS.

Amour ne vault quand la chair y pre-
tend
Auoir plaisir, & est insatiable:
Mais quand l'esprit se demostre amya-
ble
L'amour est bon,& rend l'homme con-
tent.

D'AMOVR FORTVNE
ET MORT.

AMour assault en desirant la gloire,
D'auoir vaincu les mortelz par ses
mains:
Fortune aussi guerroye les humains,
Mais sur les deux Mort obtient la vi-
ctoire.

DE VOLVPTE.

CE iouuenceau que vous voyez tout
nud,
Portant vng dard, à vostre aduis qui est
ce?
Mais est ce amour des haultains cieulx
venu?
Croyez que non, c'est volupté déesse
De fol plaisir, qui par grande rudesse
Amour chassa, puis son lieu occupa
Son nom, son arc, & ses traictz vsurpa,
En transmuant des choses la nature,
Et la moitié des humains dissippa
Prenant le nom d'amour pour couuertu-
re.

DE MORTET.

AMOVR

EPIGRAMMES.

Mort & amour guerroient les hu-
mains.
Mort naure tout & de son dart atrappe,
Entre plusieurs amour en naure maintz
Mais non pas tout, car quelcun luy es-
chappe,
Aussy celluy qu'amour en ses laqs hap-
pe
En l'attaignant de sa darde oultrageuse
De trop plus est la playe dangereuse
Qu'el ne seroit de la main D'attropos
Car l'amát meurt en peine douloureu-
se,
Mais Mort au mort donne vie & repos.

A CE PROPOS.

✶ Au téps passé mort gouuernoit vieil-
lesse,

Amour tenoit en seruage ieunesse,
Mais maintenant par sort trop rigou-
    reux,
Du ienr̷ on void que le corps laisse l'a
    me,
Tant qu'il conuiét qu'il soit mys soubz
    la lame,
Et le vieillard deuient sot amoureux.

D'AMOVR CHASTE.

CElle Daphnes, D'apollo tant ay-
    mée,
Qui en laurier tousiours verd fut muée,
Note qu'amour ioinct à pudicité
Tousiours florit en gloir̷ & renom-
    mée,
Rendant odeur tresdoulc̷ & embas-
    mée,
D'une vertu, chassant lasciuité.

EPIGRAMMES.

JE suis troublé par amour qui ard gêt
Me côtraignant à estre son souldard
Mort me menasse auecq son poignant
dard,
Mais plus grand mal me faict faulte
d'argent.

Vng qui loue sa dame.

PSiches estoit d'excellente beaulté,
Prudence auoit Cassandra la tres-
sage,
Penelopé gardoit sa loyaulté,
Corneli a parloit tresbeau langage
Lucrece estoit de chasteté l'ymage,
Grisilidis fut ferme à esprouuer
Ces grandz vertus voire plus d'auanta-
ge.
Peult on pour vray en ma dame trou-
uer.

LA LICTIERE
D'HONNEVR.

Dame raison fille du guerdóneur,
De tous biensfaictz, pár œuure
singuliere
Fait fobricquer la lictiere d'hónneur,
De grand beaulté, pure, necte & entiere,
Pour la porter tant deuant que derriere
Mit deux cheuaulx, l'ung est pudicité,
Qui de soy haict toute lasciuité,
L'aultre cheual se nomme Modestie
C'est pour porter en champs & en cité,
Dames qui ont vertu pour leur partie.

D'HONNEVR ET
DE VERTV.

EPIGRAMMES.

Dans le palais d'ôneur aulcun n[e]
 peult entrer,
Sans les tresbeaulx degrez de vertu re[n]
 contrer,
Car nul d'estre honoré ne soit presum
 ptueux,
S'il n'est & n'a esté parauant vertueu[x]

D'AMOVR ET D'V-
NE DAME.

Dessus vng drap tapissoit vne d[a]
 me.
Le dieu d'amour par chasteté vaincu,
Dont Cupido par vng despit s'enflan[ma]
Car elle auoit (sans aymer) trop vesc[u]
vers celle dame en beaulté decorée
Transmit vng dard à la poincte doré[e]
Pour la nauter, mais le dard rebou[r]
 cea,
Le dieu d'amour plus fort se courrou[ça]

Et eut recours à ses brandons tant be-
aulx,
Cesse cruel dict adonc la pucelle
Car i'ay en moy de feu vne estincelle,
Qui bruslera tes brandons & flambe-
aulx.

DES TROIS DOVAI-
RES DE MARIAGE.

L'Homme est heureux quãd il treu-
ue vne femme,
Qui à en soy ces trois douaires cy.
Premieremēt beaulté qui l'homme en-
flamme
Bonté de meurs & de lignage aussi,
Et puis richesse ostant dueil & soucy
Qui à ces troys il peult vrayement di-
re

EPIGRAMMES.

Qu'en choisissât il n'a pas prins la pire,
Et que bon heur enuers luy n'est rebel-
le
Pource qu'il à tout le bien qu'on desire,
En l'espousant,tresbonne riche & bel-
le.

※ PLVS QVE MOINS.

Fin des Bla-
sons Domestiques
avec certains epi-
grammes, nouuellemét
Imprimés.

www.ingramcontent.com/pod-product-compliance
Lightning Source LLC
LaVergne TN
LVHW050637090426
835512LV00007B/902